ION STOICA

GATES OF
THE MOMENT
(PORŢILE CLIPEI)

Translated
by
BRENDA WALKER
and
ANDREA DELETANT

FOREST BOOKS
LONDON ☆ 1984 ☆ BOSTON

Published by FOREST BOOKS
61 Lincoln Road, WAYLAND, M.A. 01778 U.S.A.
20 Forest View, CHINGFORD, LONDON E.4. U.K.

First published   1984

Cover Design © Anne Evans
Translations © Brenda Walker, Andrea Deletant
Poems © Ion Stoica

Typeset in Great Britain by Cover to Cover, Cambridge
Printed in Great Britain by
A. Wheaton and Co. Ltd., Exeter

British Library Cataloguing in Publication Data
Stoica, Ion
ii. Walker, Brenda iii. Deletant, Andrea

Gates of the moment
I. Title
859'. 134   PC840.29.T58/

Library of Congress Catalog Card Number 84-48025

ISBN 0 9509487 0 5

Dual text tape available
FOREST BOOKS

CONTENTS

SUMAR

FOREWORD

Ion Stoica was born in Romania in the village of Amărăştrii de Sus, county of Dolj, on the fourteenth of January 1936. He attended secondary schools in Craiova and Caracal, graduating from Bucharest University with a B.A. in Philology. He was awarded a Ph.D by the same university in 1977. At present he is Director of the Central University Library in Bucharest.

He has published extensively in a number of professional journals on aspects of bibliography, literary history, and education. In addition to numerous poems in literary journals, he has published two volumes of verse: CASA DE VÎNT (1981) and PORŢILE CLIPEI (1982). A third volume PAŞI PESTE IERBURI is at the press.

The present volume contains most of the poems of the collection PORŢILE CLIPEI. Ion Stoica's work is an example of contemporary Romanian poetry where old and new influences are in evidence. Although his style is mainly lyrical, he also writes with humour and zest. By continuously interweaving images of man with those of the universe, he produces a fluidity of movement through space and time with a remarkable fusion of thought and feeling.

Brenda Walker B.A. (Hons.) M.A.
Andrea Deletant B.A. (Hons.)

1

O FLOARE

Dați-mi o floare, timpul nu mă știe,
Cad faldurile serii peste sat,
De dincolo de vînt și de pustie
Doar cu tăcerea ei pot să răzbat,
Dați-mi o floare, steaua e departe,
Peste păduri doar umbrele-au rămas,
Cînd șoapta de tăcere se desparte
Cu neprihana ei mă salt în glas
Și clipa fără murmur mă petrece,
Fiorilor de zori le sînt veșmînt,
Dați-mi o floare să aud cum trece
Neștirea nopții-n zîmbet și-n cuvînt

A FLOWER

Give me a flower, time does not know me,
Dropping folds at evenfall above the village,
Out there in wind and wildness
Only in her silence can I make my way,
Give me a flower, the star is far away,
Above woods which leave only shadows,
When a whisper untangles from the silence
And startles me into voice with her innocence
I am aware of moments without sound,
Dressed in the cold ripples of dawn,
Give me a flower, then I will have heard
How the unknown of the night pass
In a smile or in a word

ÎN MINE

Ochiul nopții e gol
Ca un lac de cristal
Înghețat pe coline,
E tăcere-n ocol
Pînă-n mări fără mal,
Dar lumina e-n mine ;
Ochiul zilei e viu,
De cuprinsuri flămînd
Pînă-n lumile pline
De-al luminii pustiu,
Dar sub umbre de gînd
Înserarea e-n mine ;
Drumul intră în ceas
Peste flăcări de rug
Veșnicia să-ncline,
Eu colind fără pas
Lîngă-al stelelor crug,
Depărtarea e-n mine ;
Iar cînd spaimele gem
Dintre nopți și nămiezi
Cu priviri de jivine
Și-n tăceri de blestem
Cîmpuri zac sub zăpezi,
Primăvara e-n mine

IN ME

The eye of night is empty
As a lake of crystal
Frozen on the hills,
All is silence on this tour
Over the seas without a shore,
But the light is in me;
The eye of day is living,
Hungry for life and space,
Until in worlds
Filled with the desert of light,
From under the shade of thought
Twilight is in me;
The road enters the hour
To eternity curving
Above the flames of the stake,
I wander without moving nearer
To the vault of the stars,
Distance is in me;
But while terrors groan
Between night and noon
With eyes of wild beasts
Or when in the silence of the curse
Fields lie under snow,
Spring is in me

UN DOR

Fireşti par toate, lumea e rotundă,
Pămîntul zămisleşte liniştit,
Vecii se sting în cuiburi de secundă,
Vecii se nasc în clipa de granit,
Ne-am împăcat cu cerul fără toarte
Şi cu uitarea oarbă sub răsad,
Cu muntele neştiutor de moarte,
Cu marea şi cu stelele ce cad,
E-n fiecare pas măsură bună
Pentru drum lung şi pentru vad pierdut,
Visarea bate drumul vechi spre lună
Şi gîndul greu se pleacă-nvins de lut,
E pace-n fire, îndurată pace,
Sub zîmbetul de soare trecător,
Cînd umbra din lumină se desface
O veste poartă fiecare nor ;
Dar rostul lumii plînge în tipare,
Nelinişti vechi săgeţile-şi ascut,
În inimă un miez de aşteptare
Palpită ca o stea la început
Şi arde-n ochi cu flacără de noapte
Cuvîntul de-nţelesuri noi flămînd,
Un dor de imposibil cheamă şoapte
Din apele de dincolo de gînd

A YEARNING

Everything seems natural, the world is round,
The earth conceives in silence,
Eternities die in nests of a second,
Eternities are born in an instant of granite.
We are reconciled to a sky without handles
And to blind oblivion under the seeds,
To mountains ignorant of death,
To seas and to stars that fall,
There is in each stride good measure
For the long journey and the lost ford,
Dreams beat the old way to the moon
And deep thought, in defeat to clay, is bowed,
There is peace in nature, enduring peace,
Below the smile of the passing sun
When the shadow of the light opens
The news is carried by every cloud;
But the reason for the world weeps in patterns,
The arrows of old anxieties sharpen,
In the heart expectation
Pulses like a star beginning
And burns in eyes with a flame of night
The word hungry for new meaning,
A yearning for the impossible for whispers calling
From the waters beyond thought.

APUS

Era un ceas cu timpul de-o măsură
Cînd nu mai urcă sîngele-n cuvînt
Și ochii amintirilor se-ndură
Și se opresc izvoarele-n pămînt,
Era un ceas cu tine doar în clipă,
Venită ca o boare fără glas,
Tăcerilor de miez și de risipă
Să le-nnoptezi cărările în pas ;
La marginea tărîmului de ape
Ca-n cea din urmă zi plecam din noi
Și-nmărmurind apusului aproape
Lăsam tăcerii ierburile moi
Și cîte-un plop departe ca de ceară,
De veghe ne-ntîmplatelor comori ;
Tăcere, casa noastră decuseară
Cînd se ascunde umbra pînă-n zori

SUNSET

It was an hour whose measure was time
When blood didn't rise in the word
The eyes of meaning took mercy
And springs stopped in the ground,
It was an hour with you, yet a moment,
Which came as a breeze without sound,
Significant and meaningless silences,
Paths in step, you bedded down;
At the edge of the realm of waters
As we emerge the day our life passes,
Struck dumb near the sunset
We left to silence the soft grasses
And far away a poplar, like wax,
To stand watch at unfulfilled treasures;
Silence, our house at eventide
When until dawn the shadows hide

DECALOG

Să nu iei decît visuri la drum,
Poţi să pui cîte vrei în sipete,
Dacă drumul e lung şi e greu
Ţin de foame, de frig şi de sete ;
Să nu dai decît vorbe în dar,
Rîul lor e fără îngheţ,
Dintre toate averile tale
Numai ele ţin cu timpul judeţ ;
Să nu stai într-o singură stea,
Cea mai naltă e tot căzătoare,
Lumile din lumini sînt croite
Şi din ne-mplinită aşteptare ;
Să nu vii dintr-o noapte uitată,
Mergi cu ziua alături prin crîng,
E un suflet al zilei în care
Toate clipele lumii se strîng ;
Să n-asculţi glasul iernilor rece,
Frica vremii lunecînd pe zăpadă,
Cînd te arde nisipul din ceasuri
Stai sub merii de toamnă-n livadă ;
Să nu zbori toată vara în stol,
Taie singur într-o seară cîmpia,
Fără spaima de nopţi şi de vînt
N-are nici un preţ bucuria ;
Să nu uiţi să priveşti în oglinzi,
În fîntîni şi în ochi şi în carte,
Chipul tău din adînc, neştiut
Să nu fugă în lume departe ;
Să nu spui că mărirea te saltă
Înzeit în amiezile tale,
Numai norii fac piscul să uite
Cît e de aproape de vale ;
Să nu juri pe nimic niciodată,
Zeii mor coborîţi în cuvînt,
Martoră la toate e doar depărtarea
Neajunsă de chip şi de vînt ;
Să nu mori înainte de moarte,
Ţine legea venită din sori,
Cît e albă lumina în tine
Să nu mori, să nu mori, să nu mori

DECALOGUE

Thou shalt not take anything but dreams on thy way,
Put as many as you like in your treasure hold,
If the road is long and hard
They keep you from hunger, thirst and cold.
Thou shalt give only words as gifts
Their river does not freeze,
Among all your wealth,
For time's reckoning keep only these.
Thou shalt not stay in a lone star,
The highest is still falling,
Worlds are cut out from the lights
And from unfulfilled waiting.
Thou shalt not come from a forgotten night,
Go together with the day through the copse,
It is a soul of the day where
All the moments of the world are pressed.
Thou shalt not listen to the voice of cold winters,
Fear of time slipping on the snow,
When the sand from the hours is burning you
Stay in the orchard under autumn's apple bough,
Thou shalt not fly all the summer in the flock,
Alone one evening cut across the field,
Without the terrors of night and wind
Joy has no price to yield.
Thou shalt not forget to look in mirrors,
In eyes, the book and the well,
From your face out of the depths, unknown
Thou shalt not run in the world afar;
Thou shalt not say that importance uplifts you
Deifying you in your noons,
Only the clouds make the peak forget
How near it is to the valley.
Thou shalt not swear on anything ever,
The gods are dying, lowered in the word.
The witness to all is only the distance
And cannot be reached by face and by wind;
Thou shalt not die before death
Keep the law which comes from the sky,
While the white light's within you
Thou shalt not die, not die, not die.

MEMENTO

Da, peşteri sîntem, peşteri lungi şi reci,
Sonore sau învinse de tăcere ;
Un munte prăvălit peste poteci
Dă liniştii din tine mîngîiere,
Iar mie bobul nevăzut de in,
Purtat de vînt, pierdut dintr-o aripă,
Mi-aduce mări de neguri şi de chin
Şi uragane răsculate-n pripă ;
Şi sîntem umbre, parcă fără ţel,
Cu lucrurile-n veşnică nuntire ;
O zi doar sună vorbele la fel
Cînd bate vîntul tainic de iubire
Ori cînd, uitaţi de soare şi de zei,
Ne-am adunat sub steaua care plînge
În luminişuri albe de idei
Şi revoluţii am făcut, cu sînge,
Am ars luminii rugul ei de vis,
Intrînd pe poarta largă în cetate
Şi sufletul din cercuri s-a deschis,
O zi adevăraţi şi puri în toate,
O zi de mînji sărind peste ocol,
O zi a revărsării largi în mare ;
Nainte şi-napoi e parcă gol,
S-a îngrăşat pămîntul de uitare

MEMENTO

Yes, we are caves, caves long and cold
Ringing or defeated by silence.
A mountain landslide blocking the paths
Gives comfort to your stillness,
But to me the unseen grain of flax,
Carried by wind, lost from a wing,
To me it brings only darkness,
Seas of darkness and despair
And hurricanes rising in haste;
And we are as shadows, though without aim,
Objects in eternal unity,
Perhaps a day may sound the same
When blows the secret wind of love
Or when, forgotten by sun and Gods
We gather under the weeping star
In the white glades of ideas
And revolutions made with blood,
Burning the light's stake of its vision,
When entering by the large gate in the fortress
The soul from circles bursts open,
A day true and pure in everything,
A day of colts leaping over the wall,
A day of water bursting into sea,
In front and behind almost void
And enriched is the soil of forgiveness

EU VIN . . .

Mi-e drag izvorul, jindui după mare,
Cînd mîngîi floarea m-aş întoarce-n stup,
Pe drumuri trec cu pas de împăcare
Şi cu pedeapsa oazei fără trup,
De-atîtea ori culorile m-adună
Şi mă adorm în braţul lor încet,
De-atîtea ori mă-nbie noaptea-n lună
În palide fantasme de ascet,
Cu plînsurile toate ochiul plînge
Şi rîsul e văzduhul fără chip,
În vorbe piatra munţilor se strînge,
În vorbe bate vîntul de nisip ;
Eµ vin din geometriile plurale,
În nici o formă nu pot să m-ascund,
Colină într-un gînd, în altul vale
Şi pustiit întruna de rotund

I COME . . .

I love the spring, I yearn for the sea,
When I've honeyed the flower, I should return to the hive,
I'm treading paths with steps of reconciliation
And with punishment of the oasis without form,
So many times the colours have taken me
And in their arms cradled me, sleeping, gently,
So many times the moon's night has tempted me
With pale visions of austerity,
From all the weeping, the eyes are crying
The laugh is air without identity,
In words the mountain rocks are folding,
In words the sandstorm's wind is blowing;
I come from multi-form geometry,
Unable in any to disappear,
A hill in one thought, in another a valley
And forever wasted by the sphere.

LASĂ-MI . . .

Plămădește fumul
Trup de umbră, viu,
Mie lasă-mi drumul,
Drumul prin pustiu ;
Vîntu-și leagă brîul
Peste depărtări,
Mie lasă-mi rîul
Către moarte mări ;
Iar se-ntoarce rîndul
Nopții de-nceput,
Mie lasă-mi gîndul
Vorbelor de lut ;
Bîntuie abisul
Pînă în zenit,
Mie lasă-mi visul,
Visul ne-mplinit ;
Cînd e iar uitarea
Zilelor temei,
Mie lasă-mi floarea,
Rodul poți să-l iei

LEAVE ME . . .

The smoke is making
The body of shadows come alive,
Leave me the way,
The way through the wilderness;
The wind is tightening the belt
Over the distances,
Leave me the river
Flowing to dead seas;
The time comes again
For the first night before day,
Leave me the meaning
Of the words of clay;
The abyss is haunted
To the zenith,
Leave me the dream,
A dream unplenished;
When again the days are built
On recall blurred and mute,
Leave me the flower,
You may keep the fruit.

AŞTEPTARE

În ziua dintîi
S-au deschis toate florile,
Erau într-o zi
Toate sărbătorile,
O mie de inimi
Se luptau cu sîngele meu
Răzvrătit în artere
Şi tu n-ai venit ;
În cealaltă zi,
Se făcuse tăcere-n cîmpii,
Oamenii erau mari
Fără să fi fost vreodată copii ;
Sub ciuperca cerului
Ştiam că există răsărit,
Apus, miazăzi şi miazănoapte
Şi din nici o parte n-ai venit ;
Dar în ziua a treia,
Peste pacea subţire
Au căzut trăznete mari,
Cerul s-a clătinat în neştire
Şi-n toate fluviile care treceau pe sub mine
Veneai tu, plutind ca Ofelia,
Mîngîiată de ierburi
Care se hotărîseră să n-o mai aştepte.

WAITING

In the beginning
All the flowers bloomed,
There were in one day
All the Holy days,
A thousand hearts
Were battling with my blood
Rebelling in the arteries
And you didn't come.
On the next day,
Silence descended on the plains,
Mankind grew older
Without ever having been a child,
Under the mushroom sky
I knew there existed a sunrise,
Sunwest, south and north
Yet from these you did not come;
But on the third day,
Over the fragile peace
Fell great thunderbolts,
The sky forever shaking
And in all the rivers which flowed below me
You came, floating like Ophelia,
Caressed by the reeds
Which had decided
Not to wait for her anymore.

PALATELE

Lăsaţi fluturelui partea lui de inconştienţă,
Şi florii înflorirea ei indiferentă,
Îngăduiţi plopului sfioasa lui înălţime
Pentru că nu ştie să fie altfel,
Scoateţi din struguri nebănuitul lor vin,
Lăsaţi-vă faptele să aibă rost
Şi cuvintele înţeles
Şi trăiţi sub chinul neştiut al luminii !
Nimic nu se mai poate schimba !
Tragedia singurătăţii nostre cutezătoare
S-ar topi dintr-odată
Dacă am putea vorbi cu florile ;
Dar pe lume nimic nu se mai poate schimba !
Numai vîntul care bate cărările inimii
Deschide parcă porţi necunoscute
Către palatele din adînc
În care, fără să ştim,
Ne naştem puri în fiecare zi.

CASTLES

Leave the butterfly its role without sentience,
And the flower to bloom in indifference,
Allow the shy poplar its altitude
For it knows no other,
From the grapes take unawares their wine,
Let your facts have reason,
Your words meaning,
And live under the hidden torment of the light!
Nothing can be changed any more!
The tragedy of our daring solitude
Might at once thaw
If we could speak with flowers;
But on earth nothing can be changed any more!
On the heart's pathways only the wind's flight
Seems to open unknown barriers
Towards castles in the deep
In which, without knowing,
We're again born pure each day.

PĂREA . . .

Cînd s-a deschis o poartă în privire
Şi ai intrat la mine în moşie,
Părea că din ceţoasă amintire
O stea de sus cărările ne ştie,
Cum s-au întins prin văi de aşteptare,
Sub cerul clătinîndu-şi mut umbrela,
Peste pustii de vînt şi de uitare
Pînă-n zăpada ceasului acela,
Cum era dat să curgă împreună
Spre mări de seară doldora de vreme
Şi din risipe noi sub altă lună,
O altă aşteptare să le cheme,
Părea că vin în vorbe să se-mpace
Cu chipul lor aceleaşi gînduri treze,
Cînd mă păstrai în ceasul tău de pace,
Tăcerea mea ştia să te păstreze ;
Părea, părea cum toate par pe lume
Şi se prefac din miezul lor de noapte,
În clipa goală glasuri moi de mume
Şi-n cer livezi cu rodurile coapte ;
Le-a fost cuvîntul somn de piatră tare
Uitaţilor de dincolo de ere,
Pe tine te-au zidit în nepăsare,
Pe mine m-au zidit întru durere,
Tu eşti ca umbra stîlpului din tindă,
Eu duh de vatră rătăcit în zloate,
Şi drumurile toate mă colindă
Şi bat în mine vînturile toate

IT SEEMED . . .

When a gate opened in a glance
And you entered my estate,
It seemed that from a misty remembering
A star from above knew our paths,
How they stretched through valleys of waiting,
Under the sky's umbrella silently shaking,
Through waste lands of wind and forgetting
Until the snow of that hour;
Knew how it was given to flow together
Towards evening seas full of infinite time
And from new wastings under another moon
And another waiting to call them,
It seemed they came to reconciliation in words
Reflecting in their faces the same awakening thoughts,
When you preserved me in your hour of peace,
My silence then knew how to preserve you;
It seemed, it seemed how all seems in the world
And in their midnights they are changing,
Soft maternal voices in the empty moment
And in heaven's orchards with fruit that's ripe;
To the forgotten people of another age
Their word has been a sleep of hard stone,
You, they have built in indifference,
Me, they have built in grief,
You are like the shadow of the cottage beam,
I, the ghost of the home lost in sleet,
And all the paths wander by me,
And all the winds blow within me

DIHOTOMIE

Mi-e dor să plec,
E numai fugă-n mine,
O spaimă de îngheţuri şi tăceri,
De negura zidită în destine
În nopţi mereu uitate de-nvieri ;
Vreau să rămîn,
Rîvnesc din veac o vatră
Pe care focul noaptea nu s-a stins,
În fiecare pas e-un somn de piatră
Lîngă durerea altui necuprins ;
Şi mă împart
În humă şi-n lumină,
Cu saţ de fiecare şi flămînd,
Ţărînă pentru liniştea de taină,
O carte pentru fugile din gînd

DICHOTOMY

I'm longing to leave,
There is only flight in me,
A terror of ice and silences
Of the darkness built into destinies
In nights always forgotten by resurrection;
I want to stay,
I've covetted for centuries a home
Where the fire does not die at night,
In each step there is a sleep of stone
Near another infinity's grief;
Whilst I alone divide myself
Into earth and into light,
Satiated with each yet starving,
A book for flights from thinking,
Soil for the last rite

DRAGOSTE

Lui Miron Radu Paraschivescu

Pîndeam zilele stingher
Sub ciuperca mea de cer ;
Rezemat într-un picior
Cerul meu era uşor,
Stîlpul singur la mijloc
Mi-era pace şi noroc ;
Dar de cînd te-am întîlnit,
Cerul mi s-a răscolit,
Stîlpul nalt în mijloc pus
S-a mutat mai spre apus,
Bolta mea de cer frumos
E mai — mai să cadă jos
Şi se clatină-n neştire,
C-a băut vin de iubire.

LOVE

To Miron Radu Paraschivescu

Preying upon the day was I
Underneath my mushroom sky;
On one leg resting there
All my sky was light as air,
In the middle, the single column
Was my peace and my good fortune;
Since we met,
My sky upturned,
Placed in the middle,
The high column leaned
 Moved to the sunset, my sky's fine crown
 Is almost, almost falling down
 And it's shaking on and on above,
 Because it drank the wine of love.

OGLINDA

Privesc în umbră, umbra nu mă știe,
Degeaba-mi intră-n mers cu pas rotund,
Ea e ca o-nserare dată mie,
Văzîndu-mă de mine să m-ascund ;
Mă uit în ape, chipul să mă-nveţe
Privind de-afară cum să trec prin ceas,
Dar apelor, în vetre ori drumeţe,
Nu știu adîncul gîndului să-l las ;
În ochii tăi mă uit, de stea mirată,
În care-așteaptă raza mea dintîi,
Dar ochii buni în lacrimi se desfată
Cu altă amintire căpătîi ;
Înstrăinat în clipa mea pustie,
Oglinda vie-o regăsesc tîrziu
În cerul tău de ape, poezie,
Și ca să-mi văd mai bine chipul, scriu

THE MIRROR

I'm looking at the shadow, but it doesn't know me,
Without reason it joins me with a rounded step,
It's like an evening given as a gift to me
Having seen me trying to hide from myself;
I'm looking in the waters, the image should teach me
How to view my passage through time,
But to waters still or travelling onwards
I cannot leave my thoughts behind,
I'm looking in your eyes, an enchanted star
In which my first ray of light is waiting,
But your kind tearful eyes take pleasure
In some other memory now more pleasing,
Estranged is my deserted moment,
The live mirror, rediscovered too late,
In your heaven of waters, poetry,
To see my image better, I write

ÎNTREBARE

M-ai întrebat într-o zi
De ce iubesc țara ;
Am zvîcnit să răspund
Ca un fluviu oprit ;
Eram plin de cuvinte
Cum plină de soare e vara,
Dăruit ca un joc de copii,
Cristalin și robit
Și învins de cuvinte ;
Pentru că țara... țara...
Patria are... patria este...
Sînt un fir de nisip
Fără ea, sînt un fir...
Ce buimace și palide sînt
Aceste cuvinte, aceste
Lumini singuratice seara,
Mingi cețoase și reci și sărace la chip,
Așteptări la nadir
Bîntuite bezmetic de vînt ;
Ce s-aleg, ce s-adun ?
Poate despre munți, despre ape,
Amintirile gliei în zori
Cînd aburi subțiri se ridică spre cer,
Amintirile sîngelui, grele,
Departe de vorbe, de suflet aproape ;
Sau poate despre oameni să spun,
Neamul sfînt de viteji visători,
Despre vremuri în zale de fier,
Despre glasul iubirilor mele ;
Ce s-aleg, ce s-adun ?
Livezi albe de meri
Picurau din potire
Somnul vorbei pe pleoape,
Eram cuib de tăceri
Și bătrîn ca un trunchi de gorun ;
Iar în inima mea țara visa
Ca lumina pe ape.

THE QUESTION

You asked me one day,
Why I love my country;
I jumped to answer
Like a stemmed river;
I was full of words,
As full of sun is summer,
Delivered like play of children
Faultless and enslaved
And yet defeated by words;
Because my country . . . my country . . .
My homeland has . . . my homeland is . . .
I am a grain of sand
Without it, I am a grain . . .
How dull and colourless are
These words, these
Lonely lights in the evening,
Like hazy balls, cold and shabby,
Hovering in anticipation at the nadir
Blowing about confused by the wind.
What shall I choose? What shall I gather?
Maybe mountains, or water,
Memories of land at dawn
When light mists rise to the sky,
Deep memories near to the soul,
With feelings far from words;
Or perhaps I will tell you about the people,
The holy nation of dreaming heroes,
About times in coats of mail,
About the voice of my loves;
What shall I choose? What shall I gather?
White orchards of apple trees
Dripping from the goblet
The sleep of the word on the eyelids,
I was a nest of silences,
And as old as a trunk of oak;
But in my heart my country was dreaming
Like light on the waters.

FRAGMENT

Un cerc putea să-mi fie
Alcătuirea toată,
Să trec peste cîmpie
Cu nepăsări de roată,
Neliniştea pîndară
Să doarmă-n raze lente,
Privirile de-afară
S-alunece tangente
Şi-nchisă în tăcere
Sub linia rotundă,
În miezul de părere
Fiinţa să se-ascundă ;
Dar cînd era să vie
Norocul într-o doară,
Un semn a fost să-nvie,
Un semn a fost să moară,
Mişcarea începută
S-a risipit străină,
În cîmpuri de cucută,
În cerul de rugină
Şi din himera blîndă
S-a rupt şi mă veghează
În clipa de osîndă
Doar un crîmpei de rază,
Strîngînd ca rîu-n unde
Vibrările conjuncte ;
Fragmentul care-ascunde
Un infinit de puncte

FRAGMENT

A circle could have been
All my being,
Travelling over the field
With the indifference of a wheel,
Gnawing anxiety
Sleeping in gentle haze,
The outside glimpses
Glancing off at a tangent
And capsuled in silence
Under the rounded line,
Life hiding
In an inner illusion;
But when fate ordained
Luck should chance by,
It was a sign to revive,
It was a sign to die,
The motion, already started
Scattered estranged
Over fields of hemlock,
Over the rugged sky
And from the gentle illusion
It broke away and guards for me
In moments of judgement
Just a fragment of haze,
Conjunct vibrations
Gathered in its waves;
A fragment which hides
An infinity of points.

AȘTEPTARE

Sînt fulgere de piatră
Și sori de nemișcare,
E lumea fără vatră
Și cerul fără mare,
Dorm visuri peste cîmpuri
Ca timpul de părere,
E codru-nchis în sîmburi
Și gîndul supt de vrere
Și nu se-nalță cîntul,
Nu freamătă aripa ;
La cine e cuvîntul
Care dezleagă clipa ?

WAITING

There are flashings of stone
And suns of stillness,
The world is without a home
And the sky without a sea,
Sleep over fields is dreaming,
Like the time, the time of seeming,
It is the forest locked in seeds
And thought drained of needs,
No thrilling of wings,
And the song doesn't rise;
Whose is the word
Which the moment unties?

DUH ÎN RISIPĂ

Mă strînge umbra-n ea fără cuvînt,
De nicăieri nu sînt, ca o părere,
Mi-e dor de-o înserare pe pămînt,
Cînd se îmbată cîmpul de tăcere
Și cînd colind cu ceasul călător,
Zvîcnind în somnul pietrelor impure,
De neprihana florilor mi-e dor,
Ursite ochii lacomi să-i îndure ;
Din alte ceruri fremătînd de glas,
În iureșul planetelor în hore,
Aud chemarea cerbului rămas
La marginea pădurilor sonore
Și-aud în toamnă plînsul lung de ploi
Și cîntecul fîntînii de iubire,
Eu sînt mereu un duh de ierburi moi,
Rămas între fior și amăgire,
Cînd se lumină ochiu-nlăcrimat ;
Și slobod vin din neguri de hotare,
Ca ziua care rîde peste sat,
Ca vîntul care țipă peste mare

THE WASTED SPIRIT

The shadow stifles me without a word,
I'm from nowhere, like a trick of the light,
Longing for dusk upon this earth.
When the field becomes drunk with silence
And, when I wander travelling with time,
Twitching in the sleep of impure stones,
I'm longing for the purity of flowers,
Destined to endure rapacious eyes;
From other heavens rustling with sounds,
In the whirl of the planets country dance,
I hear the call of the stag left
At the edge of resounding woods to bay,
And I hear the long weeping of the rain
And the song of the fountain, the fountain of love,
And I'm always the spirit of soft herbs,
Left between deceit and delight,
When the tearful eyes brighten;
And freely I come from the borders of darkness,
Like the day which laughs from over the village,
Like the wind which shrieks from over the sea

URARE

Celui care-ţi face rău
Să-i răsară-n pat dudău,
Binele să nu-i dea rînd,
Lung să-i zacă noaptea-n gînd,
Zilele să-i facă nazuri
Şi să tragă la necazuri
Cum trag iepurii la varză,
Să ierneze-n cuib de barză,
Foc să-l arză !
Iar pe tine, fată bună,
Să te-adoarmă vis de lună
Peste cîmpuri de tăcere,
Toamnele cu gust de miere
Să te-mbrace-n linişti mari,
Să ai stelele pîndari
Lîngă somnul tău cu flori
Şi să te aştepte-n zori
Solul zilelor senine
Raza soarelui subţire,
Cu o veste de iubire
De la mine

THE SPELL

Who e'er may do you harm
Let hemlock spring from his bed,
May the good stop his turn,
And night lie long in his head,
May all his days be mad
And draw luck that's bad
Like a hare draws cabbages to him,
May a stork's nest in winter hold him,
Let fire burn him!
And for you, good maiden,
Dreams of the moon with sleep are laden,
Above fields of tranquility,
Autumns with a taste of honey
May dress you now in peaceful swaths,
May you have the stars for guards
Near your slumbers with the flowers
Awaiting you in the early hours
Herald of happy days above
The narrow beam of sun,
With news of love
From me will come

DECEMBRIE

Şi iată, merg,
Cu drumul împotrivă,
Chemat de alb pe frunţile de vînt,
Unde se-adună lacome-n privire
Nepămîntene raze de cuvînt ;
Şi iată, zbor
Sub norii vetrei mele,
Robit de-un glas de nimeni cunoscut,
Cînd aşteptarea îşi întinde drumul
În pasul neprihanei de-nceput ;
Decembrie,
Cu sufletele zilei
Venind spre somn în asfinţituri reci
Şi cu himere blînde, cristaline
Călătorind pe albele poteci,
Decembrie
Mi se aşază-n cale
Ca un tărîm visat şi iertător
Sub care se aude pătimirea
De clipe căutîndu-şi alt izvor

DECEMBER

And look, I go,
With the way against me,
Called by white on the brow of the wind,
Where greedy looks are gathering
Unearthly shafts of words;
And look, I fly
Under clouds of my homeland,
By an unknown voice enslaved,
Where a way is stretched by waiting
In the pure step of the beginning;
December,
With souls of the day
In cold twilights approaching sleep,
Travelling on white paths
With gentle crystalline deceit;
December
Settles in my path
Like a realm dreamt and forgiving
Under which can be heard the suffering
Of moments seeking another spring

LA IZVOR

E mult de-atunci, o apă mare,
Un somn, o moarte, nu mai ştiu ;
Din cînd în cînd o-nseninare
Îşi toarce firul argintiu ;
Şi cîmpul cheamă ca un glas
Şi fug copacii înapoi
Şi pîinea-i dulce la popas
Şi arde fulgerul prin ploi ;
Dar nu sînt eu, ori nu se-aude ;
E prea departe să mai strig
Şi ierburile sînt prea crude
Şi nu mă ştiu, şi-n cîmp e frig
Şi creşte timpul fără flori ;
Poate la vară, cine ştie,
Mă duce gîndul iar în zori
Pe cîmpul din copilărie ;
Şi stînd durerii mele vraci,
Să-mi fie-aproape pîn-la brîu ;
Iubirea roşie de maci,
Iubirea galbenă de grîu ;
Şi la şoptita mea chemare,
S-alerg curat, prin timp să viu ;
E mult de-atunci, o apă mare,
Un somn, o moarte, nu mai ştiu.

AT THE SPRING

It's so long since, a big river,
A sleep, a death, I can't remember;
Now and then brightening up
It spins its silvery thread;
And the field calls as a voice
And the trees run backwards
And bread is sweet to the halt
And lightening burns amid rain;
But I'm not myself, or my call's not heard,
Too far is the distance for me to shout,
And all the grasses are much too young
And I don't know myself, it's cold on the fields
And time grows without flowers;
Maybe again next summer, who knows,
My thought takes me again at dawn
To the green field of childhood's days,
And staying the sorcerer of my griefs,
Let it come almost to my waist;
The red love of poppies,
The yellow love of wheat;
And to the whisper of my call
Let me run pure through time to come;
It's so long since, a big river,
A sleep, a death, I can't remember.

TOIAGUL

Citindu-te, poete, mi se pare
Că tu începi și tu sfîrșești pămîntul,
Eu sînt doar osînditul la mirare
Ce fără rost a moștenit cuvîntul ;
Tu pui făclii în lumile de noapte,
Din ceas cobori pînă-n poiana clipei,
În rîsul tău grădinile sînt coapte
Și zbori pierdut spre zările risipei,
Tu ești fior și curgere și stîncă
Și veșnică sclavie de albine,
Nici o durere n-a fost mai adîncă
Și nimeni n-a iubit la fel ca tine ;
De ce-aș dori să tai oglindă iară,
Să luminez aceleași vechi obraze ?
Un singur soare arde peste vară
Și ierburile sorb aceleași raze ;
De ce-aș turna un clopot nou de aer
S-aud în el pustiul cum răsună,
Cînd rîurile torc același caier
Și vînturile rup aceeași strună ?
Doar seara cînd se zbenguie lăstunii
Și-mi ieși ca o minune înainte,
Mi-e dor de drumuri noi prin țara lunii
Și caut iar toiagul de cuvinte

THE ROD

Reading you, poet, it seems to me
That you begin and end this earth,
I'm just one condemned to awe
Who without reason has inherited the word;
You put the torch to the worlds of night,
From the hour falling to the glades of the moment,
In your laugh the gardens ripen
And you fly towards skylines of utter desolation,
You are thrill and flux and rock
And eternal slavery of bees,
No one has loved the same as you
And no other sadness is more profound;
Why should I cut the mirror again
Just to light the same old cheeks?
A single sun glows above summer
And the grasses absorb the same old rays;
Why should I cast a new bell of air
To hear only barrenness in its resounding,
When rivers spin the same old fleece
And winds break the same old strings?
Only when house martins hop in the evening
And like a miracle you appear before me,
Do I long for new journeys through the country of moons
And to search yet again for the rod of words

MIRAJ

Atît de viu e zborul
Și-mbietor înaltul !
Pare că-i sus izvorul
Și sensul lumi-i altul ;
Spre vatra ta de gînd
Și țarina de dor
Nu poți s-ajungi lăsînd
Poteca sub picior
Ci trebuie, ca-n vrajă
Spre nicăieri să urci
Pe-o cale fără strajă
Și fără ghimpi și furci ;
Un cerc prin altul trece
Și-o rază arde-n alta,
Pustiul te petrece
Străluminat de nalta
Beție-a lui de sine ;
Și nu găsești izvorul,
Nici visul nu mai vine ;
Doar zborul nalt, doar zborul !

MIRAGE

Lively is the flight
So tempting the height!
It seems the spring is in sight
And the direction of the world changed;
Towards the home of your thought,
And your land of yearning
You cannot arrive by leaving
The path under foot
But you must, as by magic
Rise towards nowhere
On a road without a guard
And without thorns and pitch forks;
A circle passes through another
And a ray beams in another,
The emptiness follows you
Solitude watches over you
Shining with the high
That comes from self intoxication;
And the spring is no longer in sight,
Nor does the dream return;
Only the high flight, only the flight!

AM UITAT

Niciodată mai rău, niciodată mai bine,
Din cărări de-așteptare pînă-n drum de apus
O uitare se-ntinde ca o mare în mine
Peste vorbele toate cîte-n lume s-au spus,
Nu mai știu cum a fost cînd s-a frînt lîngă vreme
Un copac de lumină în tărîm fără rost
Și-a căzut peste zi noapte grea de blesteme,
Ca-tr-un ceas ne-ntîmplat nu mai știu cum a fost,
Nu mai știu cum s-a-ntors primăvara-n durere
Și-a venit peste ierburi ceas de-ngheț și pustiu,
Cum a curs din văzduhul împietrit de tăcere
Cîte-o ură în toate, nu mai știu, nu mai știu,
Am uitat împăcări de poiană sub lună,
Glasuri moi de-nserare coborînd peste sat,
Cîte veacuri am stat într-un ceas împreună
Neștiuți de cuvinte, am uitat, am uitat ;
Niciodată mai rău, niciodată mai bine,
Peste văile sparte moare-ncet un ecou,
Te aștept întîmplare cu desăgile pline
Să-mi mai spui într-o viață basmul lumii din nou

I FORGOT

Never better, never worse,
From paths of waiting until the twilight's way
An oblivion spreads like a sea in me
Over all the words spoken in the world,
I don't remember anymore how it used to be, when near age
A tree of light shattered in a meaningless realm
And over the day fell curses of a dark night,
As with an unhappened moment, I don't remember how it was,
I don't remember how Spring turned into pain
And how over the green came emptiness and ice,
How the air icy with silence flowed
So much hatred everywhere, I don't remember, I don't remember,
I have forgotten reconciliation by a glade under the moon,
Soft voices of twilight descending on the village,
How many centuries we spent together in an hour
Unexplored by words, I've forgotten, I've forgotten;
Never better, never worse,
Over the broken valleys an echo slowly dies,
I wait for you, Chance, with your sacks brimming
To tell me again in a life the story of the world's beginning

AUTOPORTRET

Cu stînga am un ţel,
Cu dreapta altul ;
Cu un picior — la fel —
Aş face saltul
Iar celălalt s-ar pironi pe loc ;
Prea rar am fost întreg într-o părere
Şi niciodată-n vorbe la mijloc ;
Am ars ca o văpaie care piere,
Ori am pierit sub munţi de nepăsări ;
Eu am iubit şi fulgerul şi balta
Şi apăsat ca de-un pustiu de zări
M-am şi iubit cu luna, alba, nalta ;
Din caier de visări îmi torc un fir
Cu astrologi şi cavaleri în zale,
Iar altul se înnoadă fără şir
Sub roţile maşinii infernale ;
Şi-nceŕc sinteza mea în alchimii
De timpuri înfruntîndu-se etern,
Un chip de-nseninări şi erezii
Deopotrivă antic şi modern.

SELF-PORTRAIT

With my left I have a name,
With the right another;
With a foot — the same —
I would take a leap
And the other would fix to the spot;
Too seldom have I been entirely of one opinion
And never halfway with words;
I've burned like a vanishing flame,
Or have vanished under mountains of indifference;
I've loved both the lightening and the lake
And when oppressed by senseless darkness
Was also in love with the moon, white, high;
From a tress of dreams I spin one thread
With astrologists and knights in armour,
Yet another knots itself endlessly
Under the wheels of the infernal machine;
And I try my fusion in alchemies
Of eras forever in friction,
A face of serenities and heresies
At the same time old and modern.

CĂTRE PACE

Tu, pace, eşti o ţară fără nume
În ceasul meu uitat de nopţi şi vînt
Cînd primăvara vine peste lume
Cu fiecare mugur de cuvînt,
Tu, pace, eşti o apă de cîmpie
În ceasul meu de murmur şi descînt
Cînd bate gînd de zbor şi veşnicie
În fiecare frunză de cuvînt,
Tu, pace, eşti văzduh de zare nouă
În ceasul meu cu clipe de pămînt,
Cînd ochii lumii rîd din rîs de rouă
În fiecare floare de cuvînt ;
Mă strig prin ceas cu glasuri de lumină
Şi-ntreg mă prind în horele de cînt
Şi inima ţi-o dărui ţie, plină
De verile din rodul de cuvînt.

TO PEACE

You, peace, are a country without a name
In my hour forgotten by night and by wind
When Spring comes above the world
With every bud of the word,
You, peace, are water of the fields
In my hour of peace when nothing is heard
When beats the thought of flight and eternity
In every leaf of the word,
You, peace, are air of new skies
In my hour when moments with earth I've shared
When eyes of the world laugh with laughter like dew
In every flower of the word,
With voices of light I call to myself
Joining dances and song in an hour ensnared
And I give you my heart, so full
Of summers from the fruit of the word.

CARPAŢII

Dacă vorbe te colindă
Dinspre mîine către ieri,
Lîngă umbrele din tindă
Pune munţii mei străjeri,
Dacă nu mai ştii cărarea
Lîngă care te aştept,
Pustiit de toată zarea,
Strînge munţii mei la piept,
Iar cînd jalea cere vamă
De sub vîntul nimănui,
Trupul tot i se destramă
Dacă munţilor o spui,
Munţii mei prin care vatra
Suie-n stele nalte veşti,
Veşnicind de-a-pururi piatra
De Carpaţi împărăteşti

CARPATHIANS

If words wassail you
From tomorrow towards yesterday,
Near the shadow of the porch
Put my mountains as guards,
If you don't remember the path
Near the spot I wait for you,
Deserted by all horizons,
Gather my mountains to your breast,
But when grief asks for its dues
From under the wind of nowhere,
If you speak to the mountains
All the body unwinds,
My mountains through which the hearth
Climbs news to the high stars,
Making eternal forever the stones
Of the imperial Carpathians.

VORBE, VORBE ...

Vorbe, vorbe, margine de gînd,
Răsărituri crude, mincinoase,
Moarte colorată, cu chip blînd,
Vorbe inutile și frumoase,
Semnul nostru nalt, împărătesc,
Vînturat ca praful pe cărare ;
Nu mai știu cu vorba să-mplinesc
Gîndul cum se naște și cum moare.

WORDS, WORDS . . .

Words, words, boundaries of thought,
Sunrises crude and lying,
Coloured death with gentle face,
Words useless and words beautiful,
Our exalted sign wheeling
Like clouds of dust on the rough highway;
I cannot tell how words
Round mooned with thoughts
Give birth to themselves, give birth and die.

LECTURĂ

Citeşte, citeşte !
La pagina-ntîi
Lumina mijeşte,
Pe pagina doua
Abia se ia roua,
Pe-a treia-n mijloc
Amiaza-i de foc,
E roşie vatra
Pe pagina patra,
La cinci cînd ajungi
Sînt urmele lungi,
Nainte-napoi
Bat vînturi de sloi,
Pe pagina şase
Văzduhul miroase
A linişti şi-a rod,
O rază-i un pod,
Un rîu — o poveste,
O frunză-i o veste,
Trec păsări de noapte
Pe pagina şapte,
A opta rămîne
Sub zodii păgîne,
Cu litere reci,
Ţi-e teamă să treci,
Se-aude-n pămînturi
Cum chiuie vînturi
Pe-a noua în lung
Şi norii se-mpung
Şi negura trece
Pe pagina zece,
Pustiuri s-adune
Pe-al zilelor şes ;
Citeşte şi spune
Tu ce-ai înţeles

READING

Read! Read!
On page one
The light comes on,
On page two
It's only dew,
On the middle
Of page three
The afternoon
Is fiery,
The hearth
On the fourth
Page is red,
As I said
To the fifth,
You're wrong,
When you catch up
Your footsteps are long,
In front and behind
Blow winds like ice,
On the sixth page
The air smells nice
Of stillness and fruit,
A ray is a bridge,
A river — a story,
And migratory
Night birds
Pass in heaven
On page seven,
Eight remains
Under pagan zodiac signs,
In cold letters shining
You're frightened of passing,
One hears wind shrieking
At length
On the ninth
Page and then
Clouds bump into each other again,
And the sky's fogless
On page ten,
To gather emptiness
On the plains of the day
What you've understood
Read and say

CEAS

Ard mereu ceasuri lungi luminate
De nădejdile roșii din meri,
Pe sub dealuri de vînt și păcate,
Zămislesc în adînc primăveri ;
Cînd visează sub lanuri cîmpia
Hore albe-n văzduhul ușor
Se oprește din cale vecia
Într-o clipă de ceas călător ;
Tu să vii cu-ntristările toate
Și cu vorbele toate să vii,
S-adunăm din apusuri uitate
Soare blînd peste vechi bucurii ;
Lasă-ți pașii la margini de vrere,
Ca o jale pe-un prag de cuvînt,
Te aștept într-un ceas de tăcere
Cînd se-ntoarce lumina-n pămînt

AN HOUR

Long enlightened hours always burn
With red hopes from apple trees,
Under hills of storms and sins,
In the depths Spring conceives;
When farmland dreams under crops
Of white dances in a lightening sky
Into a moment of wandering time
Eternity stops on its way;
Come with all your sadness
And with all your words,
Gather from forgotten sunsets
Gentle sunshine for old mirth;
Leave your steps at the end of wanting,
Like a sorrow on the edge of talking,
I await you in an hour of silence
When light turns back to the earth

DE NU ERA SA FIU

De nu era să fiu
Erați tot voi,
Nimic pe lume nu s-ar fi schimbat,
Aceleași vînturi pline de pustiu
Ar fi bătut, cum veșnic vînturi bat
Cînd geme toamna gîndului sub ploi ;
De nu era să fiu
Era mereu
Același cer cu chipul prefăcut,
Învins de-nsingurare și tîrziu,
Parc-așteptînd un glas țîșnit din lut
Sub semnul iertător de curcubeu ;
De nu era să fiu
Același veac
S-ar fi sleit curgînd către destin,
Dar ar fi fost, în zborul zilei viu
Cu o oglindă lumea mai puțin,
Cu o-ntrebare timpul mai sărac

IF I'D NEVER EXISTED

If I'd never existed
You'd have been here just the same,
Nothing would have changed,
The same winds of devastation
Would have raged as eternal storms do
When the autumn of the mind
Sighs under rain;
If I'd never existed
It would always be
The same old sky with treacherous face,
Defeated by loneliness and come too late,
Almost as if waiting, a voice sprang from clay
Under the forgiving rainbow of the day;
If I'd never existed
The same old age
Would have drained away flowing towards its fate;
But I would have been in the day's bright flight
One less mirror, one less doubt

JUDECATĂ

— Mărturisești că din cînd în cînd
Ieși din rînd,
Spunînd
Că oftările lumii te plictisesc ?
— Mărturisesc !
— Tăgăduiești că te-nchipui ades
Altfel decît toți și ales
Să cutezi,
Aclamat de cuprinsul întreg ?
— Nu neg !
— Recunoști că visezi uneori
Nopți întregi cum te birui și zbori,
Crezînd
Că grădinile cerului te cunosc ?
— Recunosc !
— Ți-aduci aminte prin cîte lunci
Ai uitat de porunci,
Furînd
Iubiri tăinuite, ca un haiduc ?
— Mi-aduc !
— Se-tîmplă să cauți la tine-n pădure
Zadarnic stejari ne-nfricați de secure
Și să-ți ardă
Vînturi de greață sub tîmplă ?
— Se-ntîmplă !
— Nu umbli mărunt niciodată sub seri,
Plin de glod și gemînd sub poveri,
Îndoit
Dacă ai într-un cer steaua ta ?
— Ba da !
— Adevărat e că sub gîndul smerit
Ai aflat într-o zi un cuțit
Și-ai tăcut,
Socotindu-te încă bun și curat ?
— E-adevărat !
— Cîteodată, în nopțile lungi
Te cauți și nu te ajungi
Și ți-e frică
Și tăcerile țipă-n odaie ?
64   — Așa e !

THE TRIAL

— Do you confess that from time to time
    You step out of line,
    And profess
    That the sighs of the world bore you?
— I confess!
— Do you deny that you set yourself high
    Above others and on
    Request would dare for the whole world
    Acclaimed by it?
— I don't deny it!
— Do you admit that sometimes you dream night
    After night, conquering yourself in flight
    Believing
    That in the gardens of heaven you can sit?
— This I admit!
— Do you recall in how many meadows
    You forgot the commandments,
    Stealing
    Secret loves
    Like an outlaw, too!
— I do!
— Does it happen in your forest you stand looking
    In vain for oaks fearless of lopping
    And winds of disgust burn under your brow?
— It does now.
— Don't you ever creep under the evenings
    Full of mud and sighing under burdens,
    Wondering
    If your star was heavenless?
— Oh, yes!
— Isn't it true that in your humble mind
    One day you found a knife
    And still considering yourself pure and kind
    You kept mute?
— It's the truth!
— Sometimes during long nights you search
    But yourself you cannot reach
    And you're afraid
    And in your room the silence screams?
— That's how it seems.

☆

Instanţa hotărăşte în unanimitate :
Se aplică pedeapsa cea mare :
O veşnicie de aşteptare
Într-o veşnicie de singurătate

☆

The verdict is unanimous:
The greatest punishment applying:
An eternity of waiting
In an eternity of loneliness

TE CUNOSC

Te cunosc de-o uitare,
Chipul tău mi se pare,
Te cunosc de-o vecie,
Gîndul tău nu mă ştie,
Te cunosc dintr-o ceaţă,
Clipa ta mă îngheaţă,
Te cunosc dintr-un soare,
Ochiul tău mă dogoare,
Te cunosc dintr-un vînt,
Parcă eşti, parcă sînt,
Te cunosc de-un sărut,
Cine eşti n-am ştiut,
Te cunosc de-un pustiu,
Cine eşti n-am să ştiu

I KNOW YOU

I know you from forgetting you,
Your face seems to me
As if I've known you from an eternity,
But your thoughts don't know me,
I know you from a mist,
Your moments freezing me,
I know you from a sun,
Your eye burning me,
I know you from a wind,
You seems to be, I seem to be,
I know you from a kiss,
I know you from a loneliness,
But who you are I don't know,
Who you are I'll never know

BICI DE FLORI

Cînd îşi dezbracă soarele armura
Ca să răsară nou din alte mări,
Tăcerea fură clipelor măsura,
Cîmpia pare oază de uitări,
În apele de umbre călătoare
O fugă fără ţel îşi află vad,
Nu mai cutează pasărea să zboare
Şi stele din înalturi nu mai cad,
Poiana nu mai mîngîie himere
În ceasul amăgirilor ales,
Culorile se şterg ca o părere
Într-o osîndă fără înţeles,
Tăcerea e o ţară de ruine,
Durere din dureri fără cuvînt,
Văzduh de ţipăt mistuit în sine
Cînd mor peste cîmpie flori de vînt ;
Şi noaptea umblă spaimelor stăpînă
Pînă-n mirarea pragului de zori
Iar vîntul împleteşte cu o mînă
Un bici de flori, zadarnic bici de flori

A WHIP OF FLOWERS

When the sun discards its armour
To rise again from other seas,
Silence steals the measure of moments,
Pastures in oblivion seem oases,
And in rivers of fast flowing shadows,
Aimless flight finds a ford,
Birds no longer dare to fly,
Stars from on high no longer fall,
And in the hour when delusion is chosen
No longer do meadows dreams caress,
Colours fade like an opinion
Into punishment without any sense,
Silence is a country of ruins
By ghostly screaming spirits consumed,
Sadness from sadness without any word
When flowers die on fields of wind;
To the steps of the dawn, full of surprises
Night travels, master of terrors
And with its hand, the high wind weaves
A whip of flowers, a useless whip of flowers

DE NATURA RERUM

Sclavului Epictet

Cînd apusul rămîne
Ca o mare-napoi,
În icoane păgîne
Trupul zilei despoi,
Iau un braţ de lumină
Şi de umbră un braţ
Şi privesc cum se-alină
Şi se sorb cu nesaţ,
Iau o pace de lună
Şi nelinişti de drum
Şi privesc cum le-adună
Necuprinsul de fum,
Iau iubiri de izvoară
Şi o ură de foc
Şi privesc cum coboară
Linişti mari la mijloc,
Iau şi rouă şi brume,
Iau şi rază şi vînt ;
Se-nnoptează pe lume,
E mai frig pe pămînt

DE NATURA RERUM
(Of The Nature of Things)

To the Slave Epictet

When dusk remains
Like a sea left behind,
In pagan icons
I strip body from day,
I take an armful of light
And an armful of shadow
And watch them slurp
Each other greedily away,
I take stillness of moon
And restlessness of journeys
And watch them gathered
By boundlessness of mist,
I take loves of fountainheads
And hatred of fire
And watch great calmness
Descend in their midst,
I take dew and frost,
I take ray and wind;
Night falls on the world,
It's cold on the ground

SINGUR

În fiecare noapte e cumpănă de glas
Şi asfinţit de vremuri şi început de ceas,
În cláile de neguri lumina s-a răpus,
E valea mai adîncă şi muntele mai sus,
Fug stelele spre margini cu ochii goi şi reci,
Strigoii stau la pîndă sub umbra din poteci
Şi spaimele colindă sub cerul nalt şi mut ;
De aşteptare-i apa din care sînt făcut,
Aud cum trece clipa prin ierburi şi prin vînt,
Mi-e frică de tăcere, mi-e frică de cuvînt

ALONE

Every night there is a faltering of voice
And time and the start of the hour sets,
In stooks of fog the light has died,
Deeper valleys, higher mountains,
Stars run to edges with cold and empty eyes,
Ghosts stay to prey under shadows of the paths
And under the sky high and mute, terrors are wandering;
I was made from waters of waiting,
I hear moments pass through grass and through winds,
I'm afraid of silence, I'm afraid of words

MOARTEA COPACULUI

Statornic peste vremi şi vijelii,
Îmbătrînea copacul meu în pace
Şi vîrful lui, stăpîn peste cîmpii,
Părea că cerul mai înalt îl face ;
Trăia stingher, copac al nimănui,
Visînd cu rădăcinile prin tină
Şi venea luna noaptea-n braţul lui
Ca o visare moale de lumină,
Dar într-o toamnă oameni cu securi
Legară-n vîrf un şarpe de frînghie
Şi cîmpul tot vibră sub lovituri
Şi cerul se-nvîrti ca-ntr-o beţie ;
Atunci potop de şoapte şi suspin
Se rupse ca un rîu ţinut sub zare
Şi din adînci unghere de senin
Veniră seminţiile hoinare,
În vaiet vîntul coborî-n pămînt,
Cu ochii grei de-antinderilor sete :
„Viorile de frunză unde-mi sînt
Şi pieptenul de crengi uşor, prin plete ?"
O pasăre cu ochii de argint
Se roti jos cu aripile grele :
„Tu, mînă de răcoare şi alint,
De ce-ai plecat, pămînt al casei mele ?"
Fără-o coloană cerul căzu mult :
„Eu nu-nţeleg prea bine cum se moare
Dar îmi plăcea pămîntul să-l ascult
Cînd tremura prin vîrful tău cîntare"
„Nici eu nu înţeleg cum e cînd mori,
Şopţi departe luna zilei pală,
Dar tu erai sărutul meu din zori
Cînd mă topeam în aşternuturi goală,
Nici cum e viaţa încă nu-nţeleg,
Eu sînt legată-aici de-o altă fire
Şi mă-mplineam de mine să te leg
Cu borangicul razelor subţire" ;

DEATH OF A TREE

Steadfast over weather and storms,
In peace my tree was growing old
And ruler of the fields, its crown
Seemed to make the sky more tall;
It was living alone, no one's tree,
With the moon coming to its arm at night
Dreaming with roots deep in the ground
Of that coming like a pure, soft dream of light,
But one autumn men with axes
Tied a serpent to his crown, a rope,
And all the field trembled with blows
As the drunken sky toppled about;
Then a flood came of whispers and sighs,
Bursting like a river kept under a sky,
And from all the deep corners of brightness
Many strange shapes came wandering by,
Keening, the wind descended to earth
With heavy eyes and a thirst for air
"Where are my violins of leaves
And the soft comb of branches through my hair?"
A bird with shining silver eyes
Circled low with drooping wing,
"You, my arm cool and caressing
Why bereave me of home where I sing?"
Without a pillar the sky fell lower,
"I don't understand how one dies," he cried,
"But I used to like to listen to earth
When song-like it trembled through your crown",
"Nor do I understand what it's like to die,"
Whispered the distant moon of day,
"But you were my kiss in the light of the morning
When under white covers I faded away,
Nor do I know what it's like to live,
I'm bound to another world here, it seems,
And hard I tried to bind you to me
With the softest silk of finest beams,"

Fără de rînd lîngă copacul dus,
Veniră neamuri triste și plecară,
Chiar soarele în zilnicu-i apus
Păru mai roșu ca în nici o seară ;
În zori, de lîngă trunchiul stins ușor,
Sub cerul plin de-o licărire nouă,
Un lujer crud zvîcni ca de-un fior
Și vîntu-i șterse lacrima de rouă

And yet without approaching the tree
Many sad creatures were coming and leaving,
Even the sun in its daily sunset
Seemed redder than on any other evening;
At dawn from near the withered trunk,
Under a sky whose glimmers were new,
A young shoot appeared seeming to tremble
And the wind wiped away its tear of dew

ŞARPELE

Cu toate fiinţele şi lucrurile
Am încheiat tratate de pace,
Mă cunosc toate potecile lumii
Şi toate neamurile de dobitoace,
E literă naltă cu apa şi focul,
Cu pădurile-adînci şi cu vîntul
Şi sub semn de mirări împăcate
E scris un hrisov cu pămîntul,
Doar şarpele vremii, păgîn şi avar,
Tîrît de sub straşina zării,
Semnează cu mine pe ceasul stelar
Tratatul de plumb al uitării

SERPENT

With creatures and all other things
I've completed a treaty of peace,
For I know all the paths of the world,
And all the nations of beasts,
It's in tall letters of water and fire,
Deep forests and wind
And under signs of reconciled wonders
There is written a charter with earth,
Only the serpent, pagan and mean,
From under eaves of horizons slithing,
On the star-dial signs with me
The leaden treaty of forgetting

SCHIMB

Eu sînt mîntuitorul tău, tată,
Fii liniştit,
Am oprit un rai pentru tine,
Ţi-am pus de-o parte pajişte curată
Şi-am înflorit
Livezi cu linişti mari şi cu albine ;
Toţi mîntuim pe cei de dinainte,
O stea în dar
În fiecare prunc clipeşte blîndă,
Şi răsărind nainte de cuvinte
Încinge-n har
Neînţeleasa taţilor osîndă ;
Doar eu rămîn sub raza mea subţire
Cutreierînd
Ca duhul care umblă peste ape,
Sub semn de ne-ntîmplată mîntuire,
Pe-un ţărm de gînd,
Mereu pierdut şi tot mereu aproape.

EXCHANGE

I am your saviour, father,
Be calm,
I'm keeping a paradise for you,
I've set apart a clean lawn
And made orchards blossom
With great stillness and with bees;
The ones before us we all redeem,
The gift of a star,
In each baby born blinks gently
Tying in grace
The father's unknown doom;
Only I remain under my narrow gleam
Wandering
Like the spirit over the water travelling,
Under the sign of unfulfilled redemption
On a refuge of wondering,
Always lost yet always approaching.

POATE . . .

Cu iarba şi cu mugurii odată,
Cînd a-nceput pădurea să tresară
Sub ochii mari de zare deşteptată,
Poate-a sunat cuvîntul prima oară ;
Cînd depărtarea a gemut pe lună
Şi mîinile s-au mîngîiat fierbinte,
Într-un descînt de primăvară bună,
Poate-a-nflorit pămîntul din cuvinte ;
Şi poate primul vers, ca o uimire
De vorbe aspre adunate-n horă,
În altă primăvară de nuntire
A îmbrăcat cămaşa lui sonoră ;
O primăvară coborînd din sfere
Lîngă atîtea vorbe aşteptate
Cîte răsar din noapte şi durere,
O primăvară la-nceput de toate

PERHAPS

Once with grass and with buds
When woods woke from the ground
Under the large eyes of the wakeful sky,
Perhaps came the first word's sound;
When distance moaned in the moon
And hands caressed all warmth
Into a spell for a good Spring
Perhaps from words blossomed the earth;
And perhaps the first verse like a wonder
Of rough words dancing round,
In another spring of weddings
Put on its smock of sound;
A Spring from the sphere descending
Near so many for words all waiting
From night and sadness rising
A Spring at the beginning of everything

POVESTE VECHE

Părea că nimeni nu cunoaşte drumul
Şi poate nici nu exista un drum,
Lui i s-a spus că e dator să meargă
Şi-a mers într-una, iară şi oricum,
Dar la sfîrşit în faţa unei porţi
A stat din mers, smerindu-se prelung :
„Aş trece iar prin zile şi prin nopţi
De n-ar fi fost la poartă-aici s-ajung"
Apoi s-a potrivit şi s-a-ndreptat
De-atîta greu prin timpul inamic
Şi-a-mpins în lături poarta de visări,
Dar după poartă nu era nimic

THE OLD STORY

It seemed that no one knew the way
Or maybe there was no way,
He was told it was his duty to go
And he walked on again, no matter how,
And in the end before a gate
He stopped, making obesiance, humbly,
"I'd have journeyed on night and day
To reach this gate eventually."
Then he stood erect and collected his thoughts
After so much hardship through a time unloving
And pushed aside the gate of dreams,
But beyond the gate there was nothing

CARPE DIEM

Nemuritoarea vreme arde-n jur
Cu mistuite-n ele flăcări reci,
Dospeşte cerul necuprinsul pur,
Legînd cu taine clipele din veci,
Stă marea trează erele în şir
Şi munţii dorm acelaşi somn de fier,
Sub ne-nţelesul nopţii patrafir
Aceleaşi stele parcă-n chiot pier,
Sînt semne fără rost în univers
Şi drumuri care duc spre nicăieri,
Paşi orbi împătimiţi în veşnic mers,
Tăceri înmărmurite în tăceri,
Părere din părere nalţă stea
Şi morţile din moarte se desfac,
Purtat de-un vînt buimac din noaptea mea
În straiul cald al clipei mă îmbrac

CARPE DIEM
(Make the Most of the Day)

The undying time burns everywhere
With flames consumed and cold,
The sky brews pure boundlessness,
Tying with secrets moments of old,
The sea stays awake eras on end
And mountains sleep the same leaden sleep,
Under nights of mysterious vestments
The stars seem to die with the same laments
They're meaningless signs in the universe
And roads that lead nowhere,
Silences petrified into silence,
Blind steps enduring eternal wayfare,
Illusion from illusion emanates a star,
And deaths unfold from death,
Carried by a dumbfounded wind from my night
In the warm cloak of the moment I dress

CONTRAST

Zările se-ngînă-n mine-ncete,
Ca mereu mă umple aşteptarea,
Coborît din timp pe îndelete
Rîul meu îşi simte-aproape marea ;
Vechile zvîcniri zîmbesc mirate
Îndrăznelii lor de-odinioară,
Clipele de clipe sînt legate,
Zilele cu palma se măsoară
Şi se-adună-n suflet potolită
Umbra coborîrii în tăcere,
Neştiuta gîndurilor sită
Cerne-ncet trecutul de părere ;
Dar alături, mestecîndu-şi lutul,
În ovalul lui de foi uscate
Fluturele-şi soarbe începutul
Pentru-o zi de zbor şi voluptate ;
Iată-l, dezbrăcat de amintire
Zboară frînt stropit cu praf de soare,
Nu-l pătrunde gîndul, cui subţire,
Şi nu-l roade nici-o întrebare

CONTRAST

Horizons murmur in me softly,
As always I'm full of expectancy,
And gently lowered from time
My river can feel its sea close by;
Old thrills smile amazed
At their former daring,
Moments are tied onto moments,
Days with palms are measured
And in my soul quietly gathers
The shadow of the silent fall,
Illusion is slowly strained of the past
By the unknown sieve of thoughts;
But close by in the clay, chewing
In its cocoon of dried up leaves
The butterfly drinks its beginning
For a day of flight and loves;
See it, stripped of all memory
In broken flight, sun dust sprinkling it,
Not one thought pierces it, not one fine pin,
And not one question devours it

AŞ FI VRUT . . .

Aş fi vrut să tai lumina
Şi să-mi fac din noapte glugă
Cînd s-a spart sămînţa lumii
Şi-a-nceput eterna fugă,
Să fi fost în miezul orei,
În neştirea ei dintîi,
Cînd n-avea sub ochiul zilei
Nici o clipă căpătîi
Şi să ard în patru vînturi
Către zări de aşteptare,
Vinovat de începutul
Fiecărui strop de soare,
Marea s-o fi plîns întreagă,
Sînge să fi pus în fluvii,
Să mă fi topit prin vreme
În bezmetice deluvii,
Eu să fiu în împietrirea
De dureri făcute munţi
Şi-n izvorul de visare
Din poiana primei nunţi,
Eu să fiu trecut cu pasul
Lîngă umbra osîndită,
Dintr-o noapte grea de ură
Într-o frunză înflorită
Şi din ceţuri de legendă
În istorii curgătoare,
Să mă văd în apa zilei
Ca-n oglinda mea datoare
Şi să nu mă mai rănească
Reci lumini, figuri de ceară,
Clipa mea să-şi plece ochii,
Cerul meu să aibă scară

I SHOULD HAVE LIKED

I should like to have cut the light
To make me a hood from that night
When the seeds of the world burst open
And began their eternal flight,
And to have been at midhour,
In its first innocence,
When under the eyes of day
Not one moment had begun
And to burn in four winds
By horizons of waiting,
Guilty of the beginning
Of each drop of sun,
And to have cried a sea,
To have bled in rivers,
And to have melted through time
In bewildered flowing,
To have felt pain
Petrifying into mountains
And the spring of dreams
In the garden of the first wedding,
And near the condemned shadow
To have changed the night
Heavy with hatred
Into a flowering leaf
And from mists of legend
In the flow of history
To see myself clearly in the water of the day
As in my mirror whose duty's
Not to wound me any more with
Cold light, waxen faces,
My moments able to look down,
My sky to have had a ladder

TRAPEZ

Eşti mereu
Ca-ntr-o arenă de circ,
Într-o vale rotundă cu pereţii de lume,
Sus, la trapez,
Într-un nămiez de priviri,
Zburînd peste colinele de oameni,
Peste pereţii vii de speranţe,
Cu răsuflarea stinsă ;
În urechi îţi răsună
Tunurile inimilor de jos,
Fiindcă tăcerea are sîngele greu,
Te doare neliniştea
Celor care te cheamă să cobori
Şi nimic nu pare mai uşor
Decît să te dărui golului de sub tine

TRAPEZE

It's as if one's always
In a circus ring,
In a round valley walled by people,
On high, the trapeze,
In a noon of eyes,
Flying above hills of men,
Over walls alive with hope,
Holding their breath;
In your ears resound
The canons of the hearts beneath,
Because silence has leaden blood,
One aches with the uneasiness
Of those who call you to descend
And nothing seems easier
Than to give yourself to the void below

RĂZBOI

Scapătă gîndul,
Noaptea s-adună,
Fără ferestre, fără de lună,
Cad ceruri goale,
Văile cad,
Fluviul de neguri nu are vad,
Tăcerea urcă
Munţi de tăcere,
Fără văzduhuri ţipătul piere,
Sînt grele toate,
Duhul e greu,
Sufletul lumii moare mereu

WAR

The thought grows poor,
Night gathers,
Without windows, without moonlight,
Bare skies fall,
Valleys fall,
The river of fog has no ford,
Silence climbs
Mountains of silence,
Without air the scream perishes,
All is grey,
The spirit is grey,
The soul of the world dies away

LUAȚI. . .

În fiecare zi cad pe pămînt
Și în suflet
Milioane de tone de praf cosmic
Și de nepăsare ;
Luați lumina aceea
Care se cheamă iubire
Și treceți cu ea peste obrazul planetei ;
Pămîntul va fi iarăși pur
Ca o stea dimineața

TAKE

Into each day, there falls onto this earth
And into souls
Millions of tons of cosmic dust
And indifference;
Take this light
Which is called love
And pass with it over the cheek of the planet
And the earth will be as pure again
As the morning star

ŞI TOTUŞI...

Şi totuşi sîntem flori,
Albastre flori pierdute
Pe drumuri semănate cu tăceri,
Doar vîntul poartă-n zori,
Prin pajiştile mute
Polenul pur al viselor de ieri ;
Şi totuşi ne iubim,
Cînd timpul fără ţară,
Uitări şi neguri lasă înapoi,
Sub veşnicul chilim
Al nopţilor de vară
Fug drumurile toate către noi

AND YET . . .

And yet we are flowers,
Blue flowers lost
On pathways sown with silence,
Only the wind carries in the dawn
Across silent meadows,
Pollen pure as dreams of yesterday;
And yet we love each other,
When time without a country,
Oblivion and darkness leave behind,
Under the eternal tapestry
Of summer nights
Run the pathways all towards us

VREAU

Izvorul curge-ntruna
Cu ochi de undă nouă,
Poiana se răsfață
În zori sub altă rouă,
Din mersuri fără nume
Întinde drumul punte
Peste păduri de umbre
Din frunte pînă-n frunte,
Tăcerile cîmpiei
În ceasul lor coboară
Din somnul altor spice
În fiecare vară,
Doar mie-mi zace clipa
În stelele polare,
Cînd vînturile țipă
Trec spaimele călare,
Cînd glas de altă iarbă
Se-aude pe morminte
Fiori de lună plină
Alunecă-n cuvinte
Și cînd deschide ziua
Fereastra ei rotundă
În cerul meu de păsări
Vin neguri să se-ascundă
Și-o apă de departe
Cărările le strică ;
Dar vreau să curgă apa
Și vreau să-mi fie frică

I WANT

The stream flows onwards
Rippling with an eye that's new,
Meadows are revelling
At dawn under another dew,
From a way without a name
The road stretches a bow
Of shadows over woods
From brow to brow,
Over silences of the field
In the hour when they lower
Themselves from the sleep
Of wheat from each summer,
Only my moment stays
In the polar stars
When winds howl
And terrors ride past,
When news of other foliage
On graves is heard
Shivers of the full moon
Glide through the word
And when the day opens
Its round window
In my sky of birds
Fog comes and lies low
And water far away
Has paths decayed;
But I want to flow water
And I want to be afraid

PLOAIA

Dintr-un cîmp de sus,
Într-un cîmp de jos,
Ploaia își strecoară
Trupul ei cețos,
Snopi de plete dese,
Ochi mărunți și reci,
Un văzduh de pași
Fără de poteci,
Pînă cînd cuprinsul
Cerului e gol,
Seara își răsfiră
Stelele-n ocol,
Apele colindă
Zilelor aproape,
Împărțind cu clipa
Soarta lor de ape,
Dar din zori de abur
Pînă în apus,
Arde amintirea
Cîmpului de sus

RAIN

From a plain on high
To a plain below,
Rain sieves
Its body of haze
Sheaves of dense hair,
Eyes tiny and cold,
A sky full of steps
Without a path,
Until the sky's contents
Is only space
Then the evening scatters
Stars in its place,
Waters wander
To the days close by,
Sharing with the moment
Their fate as a stream,
And until sunset
From dawns of steam,
Burn memories
Of plains on high

BRAD STINGHER

Un soare trist începe zilei calea
Și hainele culorilor se rup,
Pădurea mea își uită-n frunze anii
Și-n jocul blînd al puilor de lup,
Se-ntorc din vînturi cîntecele iară
Și luna iar își spală ochii vii
Și trupul ei de veșnică fecioară
În luminișuri albe și pustii,
Ce semn o fi de mi-a fost dată zeghea
Aceleiași culori mereu s-o port,
Același chip nepăsător și mîndru
În ceasul viu la fel ca-n ceasul mort ?
Aș vrea să schimb odăjdii ca stejarii
Și să mă-mbrac din muguri noi în har,
Cînd iarna fură suflete din trunchiuri
Să nu mai fiu pădurii reci pîndar,
Tresar și eu cînd semne trec sub zare
Și glas adînc aud în rădăcini
Cînd primăvara vine la hotare
Cu butca ei de cîntec și lumini,
Mi-e dor de suferința desfrunzirii,
De somnul greu cu spaime și tăceri,
De regnul pietrii năvălind în mine,
De amintirea nunților de ieri,
Dar fără vrere steag rîvnit mi-e chipul
Pentru oștirea hoților de timp,
Eu vreau să fiu pădurii-ntregi asemeni
Și-n ghimpii mari ai clipei să mă-nghimp

THE LONE PINE

A sad sun begins the journey of the day
And coats of colour tear,
My forest forgets its year in the leaves
And the gentle game of cubs at play,
Songs return again from winds
And the moon washes its lively eyes
And its body of eternal virginity
In white and deserted glades,
What sign could it possibly now foretell
My wearing the same coloured coat all year,
The same face indifferent and proud
In the live hour and the dead hour?
I would like to change robes with the oaks,
And wear new buds in grace
When winter steals souls from the trunks
I don't want to guard the cold forest's gate,
In my roots I hear a deep voice call
And if signs pass under heaven, I tremble,
When Spring comes to the edge of the trees
With its coach of light and warble
I long for the suffering of the fall,
For deep sleep with silences and quakings,
For the rock kingdom invading me,
For memories of yesterday's weddings,
Unwillingly my face is an envied flag
For the army who takes time by stealth,
I want to be the same as other trees
And in great thorns of moments thorn myself

ALB

Gînd uitat în miez de clipă,
Alb de flori şi de tăceri,
Strai de veşnică risipă
Şi de cer de învieri,
Alb de ţipăt, nemăsură,
Fulgerare de cuţit,
Visul mărilor de zgură
Şi zăpezi fără sfîrşit,
Nor înalt sub ochi de zare,
Pisc de strajă-n foc de vînt,
Timp învins de aşteptare
Şi pustiuri de cuvînt,
Steag plecat cînd crapă zorii,
Alb de giulgi şi alb de zbor,
Un palat în care mor
Toate zînele culorii

WHITE

A thought forgotten in a moment,
White of flowers and silence,
Cloak of wasted eternity,
Heaven of resurrection,
White of scream, infinity,
Lightning of a knife,
Dreams of seas of dross
And snows without end,
High cloud under heaven's eye,
Peak of guard in fire of wind,
Time defeated by waiting
And uselessness of speaking,
A lowered flag when dawn breaks,
White of shroud and flight,
A palace where shall die
All colour fairies of light

ORBITA

Pe-o prispă de oră
Plîng clipe de ieri
Pierdute de turmă,
Sub ziua sonoră
Sînt văi de tăceri
Fără urmă ;
Pe-un prag de iubire,
O lacrimă grea
Își caută vatră,
În raza subțire
Ursita de stea
E de piatră ;
Se-aude cum trece
Un zbor de cuvînt
Prin cerul aproape,
Un chip îl petrece
Cu ochii de vînt
Și de ape ;
Se-aude cum vine
Lumina cu jind
Din veșnică pîndă,
E noapte în mine
Cînd drumuri colind
De osîndă ;
Neliniștea-n toate
Cu glas de cuțit
Mă cere de mire
Și totul se poate
Și totu-i oprit
În neștire ;
Spre mări de ispită
Se-alină mereu
Dureri de izvoare,
Mă ține-n orbită
Un bulgăre greu
De-ntîmplare

ORBIT

On the hour's threshold
Cry moments of yesterday
Lost from the fold,
Under the noise of the day
Valleys of silence
Vanish away;
On the threshold of love
A bitter tear
Is searching for home,
In a narrow gleam
The destiny of a star
Is stone;
A flight of words
Is heard passing
Through the sky much closer,
A face following
With eyes of air
And water;
Envious light
Is heard coming
From eternal watching,
In me is the night
When ways I wander
With pain;
Total unease in me
With a voice of steel
Calls me to be bridegroom
And all things are possible
And all things forbidden
Ad infinitum;
Towards seas of temptation
Which always soothe
The sad stream's glance,
I am held in orbit
By a heavy ball
Of chance.

TRECEAI

Treceai pe lîngă mine fără glas,
Cu ochii ridicam nainte stînci
Și în genunchi ședeam, dar n-ai rămas
Și au secat fîntînile adînci,
Din vînturi a pierit un început
De vorbă omenească și fior,
Lumina toată s-a lipit de lut,
Uitînd adînc destinul ei sonor,
În arbori crengile au înghețat
Și ceasul lumii s-a oprit din mers
Și păsările încă n-au zburat
Și omenirea n-a scris nici un vers

YOU PASSED

You passed on near me without speaking,
With my eyes I raised rocks before you
And on my knees I stayed, but for you there was no staying,
And deep wells were drained to their depths,
On winds had perished a beginning
Of friendly words and heightened thrill,
All the light has stuck to the clay,
Forgetting its fate clanging and deep,
In the trees branches have frozen
And the time of the world has stopped in its course
And the birds still have not flown
And nor has humanity written a verse

ACASĂ

Cînd se desface gîndul peste fire,
Ca un văzduh nebîntuit de vînt,
Din neştiuta ei nemărginire
O stea coboară singură-n cuvînt
Şi cînd se-mbie ochii peste ape
Şi peste zarea ierburilor moi,
Vin caii bucuriei să se-adape
În rîul vorbei cu izvoare noi ;
E ţara aşezată în fiinţă
Şi-n dulcile cuvîntului fîntîni
Cu ochii-nlăcrimaţi de biruinţă
Şi de tristeţea doinei din bătrîni,
E ţara mea de rod şi aşteptare,
Chemîndu-mă în fiecare ceas
Să-i fiu alături-stîlp şi întrebare
Şi drum fără odihnă şi popas
Şi să visez în hohotul luminii,
Ori cu tăcerea nopţii căpătîi,
Acasă lîngă sufletul grădinii,
Acasă lîngă liniştea dintîi

HOME

When the thought unfolds above nature,
Like air unstirred by the wind,
From its unknown infinity
A lone star falls in a word
And when eyes invite themselves over water
And over soft green horizons,
The horses of happiness come to drink
In the rivers of words with new springs;
The countryside is rooted in nature
And in the word's sweet fountains
With eyes full of tears from conquests
And of sadness for the old song,
And my homeland of orchards and waiting,
Calls me hourly to be pillar and inquiry
And without rest or a halt to journey,
And to dream in the outburst of light,
Or be watched by the silence of evening,
Home near the soul of the garden,
Home near the calm of creation

By the same poet

FOREST BOOKS